Emotions and Empathy

Συναισθήματα και ενσυναίσθηση

English-Greek

Bilingual Children's Picture Dictionary Book

Richard Carlson
Suzanne Carlson

Happiness

I feel happiness playing with new toys that I got for my
birthday.

Ευτυχία

Είμαι πολύ χαρούμενος όταν παίζω με τα νέα παιχνίδια
που πήρα για τα γενέθλιά μου.

Sadness

I feel sad if I can't go outside to play because of a thunderstorm.

Θλίψη

Στεναχωριέμαι αν δεν μπορώ να βγω έξω να παίξω λόγω καταιγίδας.

Anger

I feel angry when my olde brother breaks one of my toys.

Θυμός

Θυμώνω όταν ο μεγάλος μου αδελφός σπάει ένα από τα παιχνίδια μου.

Surprise

I am surprised when I get a gift when I least expect it.

Έκπληξη

Εκπλήσσομαι όταν παίρνω δώρο τη στιγμή που δεν το περιμένω.

Fear

I feal fear while watching a very scary movie.

Φόβος

Φοβάμαι όταν παρακολουθώ μια πολύ τρομακτική ταινία.

Disgust

I feel disgust when my little brother takes my toys
without asking.

Απέχθεια

Απεχθάνομαι όταν ο μικρός μου αδελφός παίρνει τα
παιχνίδια μου χωρίς να με ρωτήσει.

Empathy

When my friend lost her necklace, I also felt sad. I feel empathy.

Ενσυναίσθηση

Όταν η φίλη μου έχασε το κολιέ της, ήμουν κι εγώ λυπημένος. Συμπάσχω.

Empathy

I cringed when my mom got her finger stuck in a door. I
feel empathy.

Ενσυναίσθηση

Ανατρίχιασα όταν η μαμά μου κόλλησε το δάχτυλό της
σε μια πόρτα. Συμπάσχω.

Empathy

My sister fell off her bicycle twisting the handlebars. I was sad. I feel empathy.

Ενσυναίσθηση

Η αδελφή μου έπεσε από το ποδήλατό της στρίβοντας το τιμόνι. Ήμουν λυπημένος. Συμπάσχω.

Learn about human emotions and feeling empathy in this bilingual children's picture book.

About the Author: Richard Carlson is an author of children's bilingual books. www.richardcarlson.com / www.freebilingualbooks.com

About the Illustrator: Artist, Suzanne Carlson has a spectrum of artistic talents and enjoys creating a wide variety of projects. www.suzannecarlson.com